中华人民共和国
对外关系法

（2023年6月28日第十四届全国人民代表大会
常务委员会第三次会议通过）

人民出版社

目　　录

中华人民共和国主席令

第七号

《中华人民共和国对外关系法》已由中华人民共和国第十四届全国人民代表大会常务委员会第三次会议于 2023 年 6 月 28 日通过,现予公布,自 2023 年 7 月 1 日起施行。

中华人民共和国主席　习近平

2023 年 6 月 28 日

中华人民共和国对外关系法

（2023 年 6 月 28 日第十四届全国人民代表大会
常务委员会第三次会议通过）

目　　录

2

第一章　总　　则

第一条　为了发展对外关系,维护国家主权、安全、发展利益,维护和发展人民利益,建设社会主义现代化强国,实现中华民族伟大复兴,促进世界和平与发展,推动构建人类命运共同体,根据宪法,制定本法。

第二条　中华人民共和国发展同各国的外交关系和经济、文化等各领域的交流与合作,发展同联合国等国际组织的关系,适用本法。

第三条　中华人民共和国坚持以马克思列宁主义、毛泽东思想、邓小平理论、"三个代表"重要思想、科学发展观、习近平新时代中国特色社会主义思想为指导,发展对外关系,促进友好交往。

第四条　中华人民共和国坚持独立自主的和平外交政策,坚持互相尊重主权和领土完整、互不侵犯、互不干涉内政、平等互利、和平共处的五项原则。

中华人民共和国坚持和平发展道路,坚持对外开放基本国策,奉行互利共赢开放战略。

中华人民共和国遵守联合国宪章宗旨和原则,维护世界和平与安全,促进全球共同发展,推动构建新型国际关系;主张以和平方式解决国际争端,反对在国际关系中使用武力或者以武力相威胁,反对霸权主义和强权政治;坚持国家不分大小、强弱、贫富一律平等,尊重各国人民自主选择的发展道路和社会制度。

第五条 中华人民共和国对外工作坚持中国共产党的集中统一领导。

第六条 国家机关和武装力量、各政党和各人民团体、企业事业组织和其他社会组织以及公民,在对外交流合作中有维护国家主权、安全、尊严、荣誉、利益的责任和义务。

第七条 国家鼓励积极开展民间对外友好交流合作。

对在对外交流合作中做出突出贡献者,按照国家有关规定给予表彰和奖励。

第八条　任何组织和个人违反本法和有关法律,在对外交往中从事损害国家利益活动的,依法追究法律责任。

第二章　对外关系的职权

第九条　中央外事工作领导机构负责对外工作的决策和议事协调,研究制定、指导实施国家对外战略和有关重大方针政策,负责对外工作的顶层设计、统筹协调、整体推进、督促落实。

第十条　全国人民代表大会及其常务委员会批准和废除同外国缔结的条约和重要协定,行使宪法和法律规定的对外关系职权。

全国人民代表大会及其常务委员会积极开展对外交往,加强同各国议会、国际和地区议会组织的交流与合作。

第十一条　中华人民共和国主席代表中华人民共和国,进行国事活动,行使宪法和法律规定的对外关系职权。

第十二条　国务院管理对外事务,同外国缔结条约和协定,行使宪法和法律规定的对外关系职权。

第十三条　中央军事委员会组织开展国际军事交流与合作,行使宪法和法律规定的对外关系职权。

第十四条　中华人民共和国外交部依法办理外交事务,承办党和国家领导人同外国领导人的外交往来事务。外交部加强对国家机关各部门、各地区对外交流合作的指导、协调、管理、服务。

中央和国家机关按照职责分工,开展对外交流合作。

第十五条　中华人民共和国驻外国的使馆、领馆以及常驻联合国和其他政府间国际组织的代表团等驻外外交机构对外代表中华人民共和国。

外交部统一领导驻外外交机构的工作。

第十六条　省、自治区、直辖市根据中央授权在特定范围内开展对外交流合作。

省、自治区、直辖市人民政府依职权处理本行政区域的对外交流合作事务。

第三章　发展对外关系的目标任务

第十七条　中华人民共和国发展对外关系，坚持维护中国特色社会主义制度，维护国家主权、统一和领土完整，服务国家经济社会发展。

第十八条　中华人民共和国推动践行全球发展倡议、全球安全倡议、全球文明倡议，推进全方位、多层次、宽领域、立体化的对外工作布局。

中华人民共和国促进大国协调和良性互动，按照亲诚惠容理念和与邻为善、以邻为伴方针发展同周边国家关系，秉持真实亲诚理念和正确义利观同发展中国家团结合作，维护和践行多边主义，参与全球治理体系改革和建设。

第十九条　中华人民共和国维护以联合国为核心的国际体系，维护以国际法为基础的国际秩序，维护以联合国宪章宗旨和原则为基础的国际关系基本准则。

中华人民共和国坚持共商共建共享的全球治理观,参与国际规则制定,推动国际关系民主化,推动经济全球化朝着开放、包容、普惠、平衡、共赢方向发展。

第二十条 中华人民共和国坚持共同、综合、合作、可持续的全球安全观,加强国际安全合作,完善参与全球安全治理机制。

中华人民共和国履行联合国安全理事会常任理事国责任,维护国际和平与安全,维护联合国安全理事会权威与地位。

中华人民共和国支持和参与联合国安全理事会授权的维持和平行动,坚持维持和平行动基本原则,尊重主权国家领土完整与政治独立,保持公平立场。

中华人民共和国维护国际军备控制、裁军与防扩散体系,反对军备竞赛,反对和禁止一切形式的大规模杀伤性武器相关扩散活动,履行相关国际义务,开展防扩散国际合作。

第二十一条　中华人民共和国坚持公平普惠、开放合作、全面协调、创新联动的全球发展观，促进经济、社会、环境协调可持续发展和人的全面发展。

第二十二条　中华人民共和国尊重和保障人权，坚持人权的普遍性原则同本国实际相结合，促进人权全面协调发展，在平等和相互尊重的基础上开展人权领域国际交流与合作，推动国际人权事业健康发展。

第二十三条　中华人民共和国主张世界各国超越国家、民族、文化差异，弘扬和平、发展、公平、正义、民主、自由的全人类共同价值。

第二十四条　中华人民共和国坚持平等、互鉴、对话、包容的文明观，尊重文明多样性，推动不同文明交流对话。

第二十五条　中华人民共和国积极参与全球环境气候治理，加强绿色低碳国际合作，共谋全球生态文明建设，推动构建公平合理、合作共赢的全球环境气候治理体系。

第二十六条　中华人民共和国坚持推进高水平对外开放，发展对外贸易，积极促进和依法保护外商投资，鼓励开展对外投资等对外经济合作，推动共建"一带一路"高质量发展，维护多边贸易体制，反对单边主义和保护主义，推动建设开放型世界经济。

第二十七条　中华人民共和国通过经济、技术、物资、人才、管理等方式开展对外援助，促进发展中国家经济发展和社会进步，增强其自主可持续发展能力，推动国际发展合作。

中华人民共和国开展国际人道主义合作和援助，加强防灾减灾救灾国际合作，协助有关国家应对人道主义紧急状况。

中华人民共和国开展对外援助坚持尊重他国主权，不干涉他国内政，不附加任何政治条件。

第二十八条　中华人民共和国根据发展对外关系的需要，开展教育、科技、文化、卫生、体育、社会、生态、军事、安全、法治等领域交流合作。

第四章　对外关系的制度

第二十九条　国家统筹推进国内法治和涉外法治,加强涉外领域立法,加强涉外法治体系建设。

第三十条　国家依照宪法和法律缔结或者参加条约和协定,善意履行有关条约和协定规定的义务。

国家缔结或者参加的条约和协定不得同宪法相抵触。

第三十一条　国家采取适当措施实施和适用条约和协定。

条约和协定的实施和适用不得损害国家主权、安全和社会公共利益。

第三十二条　国家在遵守国际法基本原则和国际关系基本准则的基础上,加强涉外领域法律法规的实施和适用,并依法采取执法、司法等措施,维护国家主权、安全、发展利益,保护中国公

11

民、组织合法权益。

第三十三条　对于违反国际法和国际关系基本准则,危害中华人民共和国主权、安全、发展利益的行为,中华人民共和国有权采取相应反制和限制措施。

国务院及其部门制定必要的行政法规、部门规章,建立相应工作制度和机制,加强部门协同配合,确定和实施有关反制和限制措施。

依据本条第一款、第二款作出的决定为最终决定。

第三十四条　中华人民共和国在一个中国原则基础上,按照和平共处五项原则同世界各国建立和发展外交关系。

中华人民共和国根据缔结或者参加的条约和协定、国际法基本原则和国际关系基本准则,有权采取变更或者终止外交、领事关系等必要外交行动。

第三十五条　国家采取措施执行联合国安全理事会根据联合国宪章第七章作出的具有约束力

的制裁决议和相关措施。

对前款所述制裁决议和措施的执行,由外交部发出通知并予公告。国家有关部门和省、自治区、直辖市人民政府在各自职权范围内采取措施予以执行。

在中国境内的组织和个人应当遵守外交部公告内容和各部门、各地区有关措施,不得从事违反上述制裁决议和措施的行为。

第三十六条 中华人民共和国依据有关法律和缔结或者参加的条约和协定,给予外国外交机构、外国国家官员、国际组织及其官员相应的特权与豁免。

中华人民共和国依据有关法律和缔结或者参加的条约和协定,给予外国国家及其财产豁免。

第三十七条 国家依法采取必要措施,保护中国公民和组织在海外的安全和正当权益,保护国家的海外利益不受威胁和侵害。

国家加强海外利益保护体系、工作机制和能力建设。

第三十八条　中华人民共和国依法保护在中国境内的外国人和外国组织的合法权利和利益。

国家有权准许或者拒绝外国人入境、停留居留，依法对外国组织在境内的活动进行管理。

在中国境内的外国人和外国组织应当遵守中国法律，不得危害中国国家安全、损害社会公共利益、破坏社会公共秩序。

第三十九条　中华人民共和国加强多边双边法治对话，推进对外法治交流合作。

中华人民共和国根据缔结或者参加的条约和协定，或者按照平等互惠原则，同外国、国际组织在执法、司法领域开展国际合作。

国家深化拓展对外执法合作工作机制，完善司法协助体制机制，推进执法、司法领域国际合作。国家加强打击跨国犯罪、反腐败等国际合作。

第五章　发展对外关系的保障

第四十条　国家健全对外工作综合保障体

系,增强发展对外关系、维护国家利益的能力。

第四十一条　国家保障对外工作所需经费，建立与发展对外关系需求和国民经济发展水平相适应的经费保障机制。

第四十二条　国家加强对外工作人才队伍建设，采取措施推动做好人才培养、使用、管理、服务、保障等工作。

第四十三条　国家通过多种形式促进社会公众理解和支持对外工作。

第四十四条　国家推进国际传播能力建设，推动世界更好了解和认识中国，促进人类文明交流互鉴。

第六章　附　　则

第四十五条　本法自 2023 年 7 月 1 日起施行。

图书在版编目(CIP)数据

中华人民共和国对外关系法. —北京:人民出版社,2023.8
ISBN 978－7－01－025832－4

Ⅰ.①中… Ⅱ. Ⅲ.①对外关系法-中国 Ⅳ.①D922.13

中国国家版本馆 CIP 数据核字(2023)第 137930 号

中华人民共和国对外关系法
ZHONGHUA RENMIN GONGHEGUO DUIWAI GUANXI FA

人民出版社 出版发行
(100706 北京市东城区隆福寺街 99 号)

北京新华印刷有限公司印刷 新华书店经销

2023 年 8 月第 1 版 2023 年 8 月北京第 1 次印刷
开本:880 毫米×1230 毫米 1/32 印张:0.75
字数:5 千字

ISBN 978－7－01－025832－4 定价:5.00 元

邮购地址 100706 北京市东城区隆福寺街 99 号
人民东方图书销售中心 电话 (010)65250042 65289539